für
_____

von
_____

Lass
DICH NICHT
STRESSEN

GROH

MANCHMAL
SCHEINT DEIN LEBEN
EINFACH IM CHAOS
ZU VERSINKEN.

KEINE

Panik!

ATME TIEF DURCH,

ISS EIN GROSSES STÜCK SCHOKOLADE

UND LASS DICH NICHT STRESSEN.

**WAS NICHT
ZU ÄNDERN IST,
DAS SOLL MAN
JEDERZEIT**

vergnügt
GESCHEHEN
LASSEN.

GOTTSCHALK VON ORBAIS

Verabschiede dich

VON DEINEN
PROBLEMEN!

übermorgen

IST AUCH NOCH EIN TAG.

HEUTE TUST DU AM BESTEN
ERSTMAL NICHTS UND DANN
WARTEST DU AB.
LASS DICH
VOM LEBEN UMARMEN!

DIE

Gelassenheit

IST EINE

ANMUTIGE FORM DES
Selbstbewusstseins.

MARIE VON EBNER-ESCHENBACH

IM TRUBEL DES ALLTAGS
SOLLTEST DU *die Welt*
AB UND AN KURZ ANHALTEN.

RAUF AUF
DIE NÄCHSTE SCHAUKEL,
LASS DEINE PROBLEME AN DIR
VORBEIFLIEGEN UND WINK
IHNEN ZUM ABSCHIED
FRÖHLICH ZU.

Schaukel
DEINEN SORGEN DAVON.

ES HILFT SEHR,
DEINE PROBLEME EINFACH MAL VON
EINEM ANDEREN STANDPUNKT AUS
ZU BETRACHTEN. ZUM BEISPIEL
VON DER COUCH.

SCHON ERSCHEINT DAS LEBEN *viel flauschiger* ODER?

DAS LEBEN IST
bezaubernd,

MAN MUSS ES NUR DURCH DIE RICHTIGE BRILLE SEHEN.

ALEXANDRE DUMAS

WENN DIE DUNKLEN
WOLKEN AM HORIZONT
EINFACH NICHT
WEICHEN WOLLEN,

SCHLIESS
DEINE

Augen

UND LAUSCHE,

DANN HÖRT SICH DER REGEN

EIN WENIG WIE APPLAUS AN.

Ein Optimist
STEHT NICHT IM REGEN,
ER DUSCHT UNTER
einer Wolke.

THOMAS ROMANUS

IM
GRÖSSTEN CHAOS
IST OFT AUCH
gewaltiges Potential
ZU FINDEN.

Ordnung

IST GUT FÜR DEN ÜBERBLICK,

DU KANNST ÜBER DICH
selbst hinauswachsen
UND ALLEN ZEIGEN, WAS
WIRKLICH IN DIR STECKT.

CHAOS FÜR ÜBERRASCHUNGEN.

HANS-JÜRGEN QUADBECK-SEEGER

MUT ZUR LÜCKE.
KLEINE MISSGESCHICKE
LIEFERN STOFF FÜR DIE
BESTEN GESCHICHTEN.

WER NIE

Fehler

MACHT, HAT NIE

DEN VERSUCH UNTERNOMMEN, ETWAS
GROSSARTIGES ZU SCHAFFEN.
PERFEKTIONISMUS IST LANGWEILIG!

DAS LEBEN IST
MEISTENS DOCH FANTASTISCH.
UND VOR ALLEM IST ES
VIEL ZU KURZ, UM SICH LANGE
DEN KOPF ZU ZERBRECHEN.

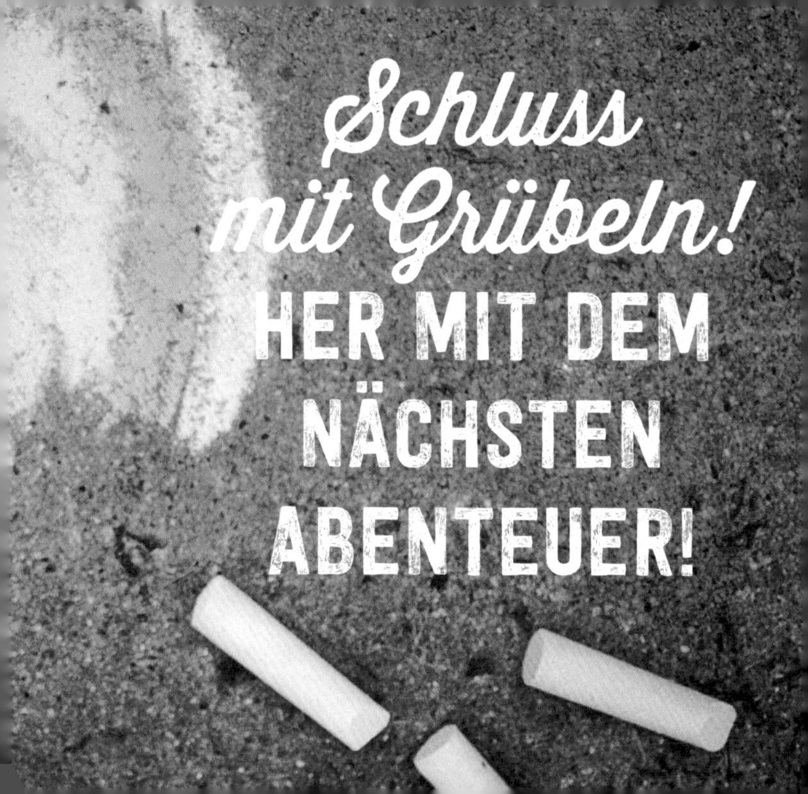
Schluss mit Grübeln!
HER MIT DEM NÄCHSTEN ABENTEUER!

WENN DU IMMER NUR
DURCHS LEBEN HETZT, VERPASST
DU DAS BESTE. EINEN NEUEN
LIEBLINGSSONG, DAS GEFÜHL
VON SOMMERWIND IN
DEINEN HAAREN, DIE STERNE
AM HIMMEL ÜBER DIR ...

SAG NEIN ZU
HEKTIK, STRESS, VERPFLICHTUNGEN,
ÜBERFÜLLTEN TERMINPLANERN
UND SCHULDGEFÜHLEN.

SAG JA ZU MEHR ZEIT MIT DEINEN BESTEN FREUNDEN, *Ausflügen ans Meer* UND SPAGHETTI-EIS MIT GANZ VIEL GEFRORENER SAHNE!

Und
überhaupt:

DAS LEBEN MUSS NICHT
von A bis Z DURCHGEPLANT SEIN.
LASS EINFACH LOS, *atme durch und*
lass dich von der Welt überraschen.
DIE BESTEN DINGE IM LEBEN
LASSEN SICH SOWIESO
NICHT PLANEN.

EIN VOLLER TERMINKALENDER IST NOCH LANGE

KEIN
erfülltes
Leben.

KURT TUCHOLSKY

GIB DEINEN TRÄUMEN

Flügel

UND DEINEN ÄNGSTEN

DEN LAUFPASS!

DAS LEBEN
IST CHAOTISCH,
überraschend
und wundervoll.

LEHN DICH GELASSEN ZURÜCK
UND GENIESS DEN TRUBEL.

Alles wird gut.

Einatmen. Ausatmen. Weiteratmen.

Noch mehr Anti-Stress-Tipps findest du auf:

www.groh.de
facebook.com/grohverlag

MIX
Papier aus verantwortungsvollen Quellen
FSC® C011862

Die nachhaltige Waldbewirtschaftung und die verantwortungsvolle Gewinnung des Rohstoffs Papier ist uns ein Anliegen. Daher werden alle Buch- und Kalender-Neuheiten auf FSC®-zertifiziertem Papier gedruckt.

ENTSPANNUNG 1000 DANK

KRAFT ATEMPAUSEN
KLEINE

Einen RUHE WUNDER
guten
Tag SCHENKEN

In der Hektik des Alltags nehmen wir uns viel zu wenig Zeit für kleine Pausen. Dabei genügt oft schon ein kleiner Moment, um zu neuer Gelassenheit zu finden. Atmen Sie durch, kommen Sie zur Ruhe. Und schon werden selbst der stressigste Tag und das größte Ärgernis zur Nebensache. Wir bei GROH schenken Ihnen mit diesem Buch eine kleine Auszeit für die Seele – Sie haben sie verdient.

Joachim Groh

Dieses Buch entstand in enger Zusammenarbeit mit meiner Kollegin Cornelia Schmidt. Vielen Dank an alle Beteiligten!

Kristin Funk

Idee und Konzept: GROH Verlag. Das Werk einschließlich seiner Teile ist urheberrechtlich geschützt. Jede Verwertung außerhalb der engen Grenzen des Urheberrechtsgesetzes ist ohne Zustimmung des Verlages unzulässig und strafbar. Das gilt insbesondere für Kopien, Einspeicherung und Verarbeitung in elektronischen Systemen.

Textnachweis: Wir danken allen Autoren bzw. deren Erben, die uns freundlicherweise die Erlaubnis zum Abdruck von Texten gegeben haben.

Bildnachweis: Titelbild: Image Source/Photodisc/Getty Images, S. 6/7: Rachel Schraven/Stocksy, S. 14: Kazunori Nagashima/Stone/Getty Images, S. 22: Joelynne Johnson/Stone/Getty Images, S. 32/33: Joelynne Johnson/Moment/Getty Images, S. 42: michela ravasio/Stocksy.

Layout: ki36 Editorial Design, Bettina Stickel

ISBN 978-3-8485-1401-4
© GROH Verlag GmbH, 2015